Published by
Wise Publications
14-15 Berners Street, London W1T 3LJ, UK.

Exclusive Distributors:
Music Sales Limited
Distribution Centre, Newmarket Road,
Bury St Edmunds, Suffolk IP33 3YB, UK.
Music Sales Pty Limited
Units 3-4, 17 Willfox Street, Condell Park,
NSW 2200, Australia.

Order No. AM1007116
ISBN: 978-1-78305-210-3
This book © Copyright 2013 Wise Publications,
a division of Music Sales Limited.

Edited by Jenni Norey.
Music arranged by Christopher Hussey,
Jane Watkins & Jeremy Birchall.
Music processed by Camden Music.
Original CD design by Julian Peploe Studio.
Photography by Warwick Saint.

Original band arrangements by
Dave Pierce, Alan Chang, Bill Ross,
John Clayton and Lou Pomanti.
With thanks to Dion Singer,
Sarah Lipman and Michael Bublé
for all their help with this
publication.

Printed in the EU.

Your Guarantee of Quality:

As publishers, we strive to produce every book
to the highest commercial standards.

This book has been carefully designed to
minimise awkward page turns and to make
playing from it a real pleasure.

Particular care has been given to specifying
acid-free, neutral-sized paper made from pulps
which have not been elemental chlorine bleached.
This pulp is from farmed sustainable forests and
was produced with special regard for the environment.

Throughout, the printing and binding have been
planned to ensure a sturdy, attractive publication
which should give years of enjoyment.

If your copy fails to meet our high standards,
please inform us and we will gladly replace it.

www.musicsales.com

you make me feel so young

Words by Mack Gordon
Music by Josef Myrow

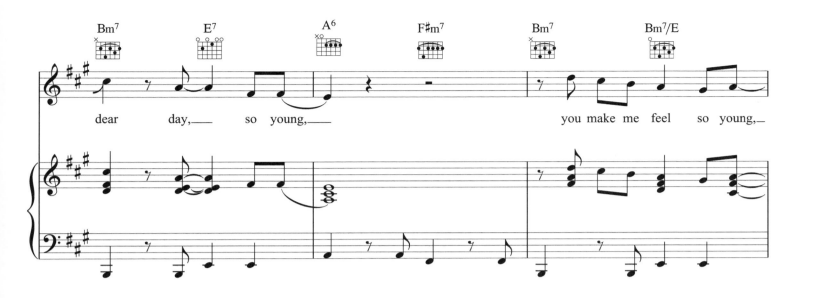

dear day,___ so young,___ you make me feel so young,___

you make me feel so young.___

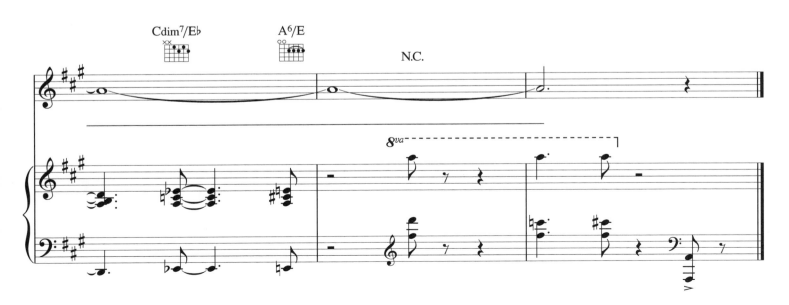

it's a beautiful day

Words & Music by Alan Chang, Michael Bublé & Amy Foster

I don't know why you think that you____ could hold____ me when you can't get by____ by your-self.____ And I don't know who would ev - er want to

there's no___ de - ny - ing. It's a beau-ti-ful day,___ the sun___ is up,___

the mu-sic's play - ing. And e - ven if it start - ed rain-

- ing you won't hear___ this boy___ com - plain - ing. 'Cause I'm glad___

that you're the one___ who got___ a - way.___ It's a beau-ti-ful

21

24

to love somebody

Words & Music by Barry Gibb & Robin Gibb

me._____ I____ want my life to be_

_____ lived with_ you,_____ lived with you._____ There's a

way,_____ ev-'ry - bod-y say,_ to do each and ev - 'ry

lit - tle thing.___ But what does it bring___

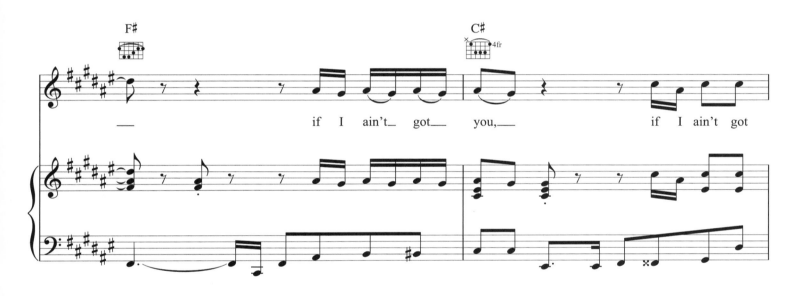

___ if I ain't___ got___ you,___ if I ain't got

you? Ba - by,___ you don't know___ what it's like.___ Ba - by,

27

you don't know___ what it's like___ to love some - bod - y,___ to love_ some-

-bod - y the way_ I love you.

In my brain,___ I see your face a - gain___

and I know my___ state___ of mind.___ You ain't got - ta be so

28

𝄌 *Coda*

Oh, ba-by, you don't know___ what it's like,___ y-yeah,_____ you don't know___ what it's like,___ y-yeah,_____ you don't know___ what it's like.___ Ba-by, you don't know___ what it's like_____ to love some-

31

who's lovin' you

Words & Music by Smokey Robinson

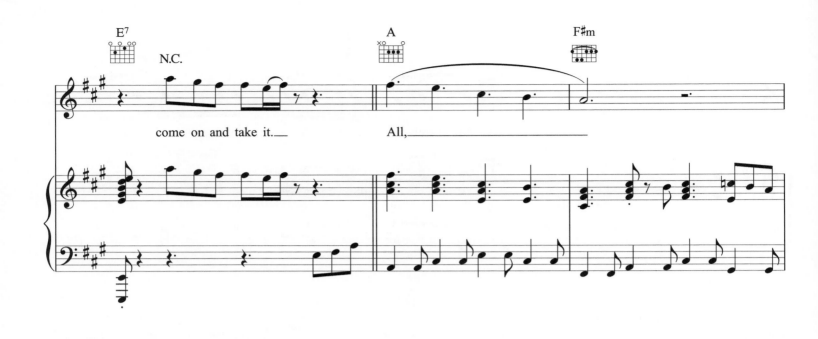

come on and take it.___ All,_____

all I can do___ since you're gone is cry. Mm mm,

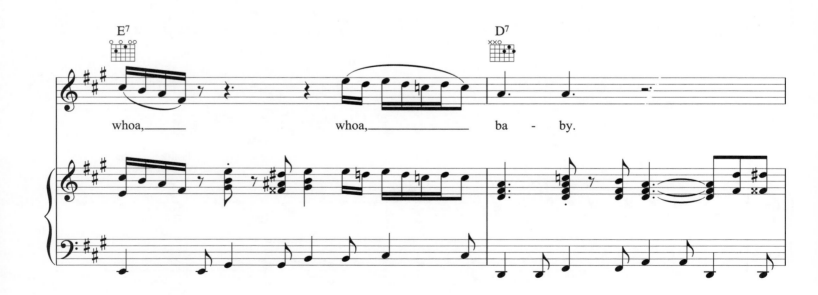

whoa,_____ whoa,_____ ba - by.

something stupid

Words & Music by C. Carson Parks

if we go some place to dance,_ I know that there's a chance_ you won't be leav-ing with me._

Then af - ter-wards, we drop in - to a qui - et lit-tle place and have a

drink or two.__ And then I go and spoil it all by

say - in' some-thin' stu - pid, like "I love you."__ I can

see it in your eyes___ that you des- pise the same old lies___ you heard the night be- fore,___ and though it's just a line___ to you,___ for me it's true___ and nev-er seemed___ so right be- fore.___ prac-tise ev-'ry day___ to find___ some clev-er lines to say to make the mean-ing___ come___ through.___

*2° instrumental till ***

40

And then I think I'll wait un - til the eve - ning__ gets late and I'm a -

- lone with you.__ * The time is right, your per - fume fills my

head, the stars__ get red and, oh, the night's so blue.__ And

then I go and spoil it all by say - in' some - thin' stu - pid, like "I

41

love you."___   love you."___

"I love you."___   "I____ love____ you."____

___ "I love you."___   "I love you."

come dance with me

Words & Music by Sammy Cahn & Jimmy van Heusen

what an eve-nin' for some Terp - si - chore.

Pret - ty face,__ I know a swing-in' place,__ come on, dance with me!

Ro - mance__ with me__ on a crowd - ed

floor. And while the rhy-thm swings,__ what love-

cheek   to cheek we'll   be.   So,

come on,   come on, come on,   come on and dance   with   me!

Hey   there, sweets,   throw on those   lat - in pleats   and   come   dance with me!

A6 B7 E13
Oh, what I mean is come on, and,
A6/C# F#7(b9) Bm7 E13 A6
my, let's a - cha - cha - cha! A - leave a split and do the
E7/B E7 A6 A#dim7
bon - go bit, come on, dance with me!
Bm7 E9 F#m6 B9 E13
A - ro - mance with me, ooh - la - la - la - la.

We'll do the cha-cha-cha, ooh,_____ the mer-

-en - gue, we're gon - na tan - go.

Come on and dance___ with me!_____

close your eyes

Words & Music by Alan Chang, Michael Bublé & Jann Arden

through.___ Al-ways do___ what you got - ta do;_____ you're one of a kind.___

___ Thank God you're mine,_____ you're an an - gel___ dressed in ar - mour.

You're the fear in ev -'ry fight. You're my life and my safe har - bour

where the sun sets___ ev-'ry night. And if my love___ is blind, I don't wan-na see___ the

light;_____ it's your beau-ty that be-trays you, your

smile gives you a-way.___ 'Cause you're made of strength and mer - cy,___

and my soul is yours to save. I know this much___ is true:___ when my

world was dark and blue,_____ I know the on - ly one__ who res - cued me was you.__

Close your eyes_____ and let me tell you all the reas - ons why__

you're nev - er gon-na have to cry,_____ be - cause you're one of a kind.__

Yeah, here's to you,_____ the one that al - ways pulls us

is yours___ to keep._____

So, close your eyes_____ and let me tell you all the reas - ons

why,___ babe, you're nev-er gon-na have to cry,___ ba - by, be-cause you're one of a kind.

Yeah, here's to you,___ you're the one that al-ways___ pulls us

through.___ You al-ways do what you got-ta do,___ babe, be-cause you're one of a kind.___

You're the reas - on___ why I'm breath-in',

with a lit-tle luck my way, you're the reas - on___ that I'm feel-in' it's

rit.

fin-'ly safe to stay.___

after all

Words & Music by Bryan Adams, Jim Vallance,
Alan Chang, Michael Bublé & Steven Sater

Way back___ when we start - ed, there was a part___ of me___ that knew___

one___ day___ there'd be heart - ache and I would lose___ ___ my - self___ to you.___ And I walked___ all night,___ ___ lost in the si - lent cit - y lights,___ think - ing of you, won - der - ing will I lose___ my mind?

59

After all,___ {(1, 3.) I'm ex - cit - ed that you're in
(2.) re - u - nit - ed, yeah, you're in___

___ my life___ a - gain.___ After all,___ I'm de - light-
___ my arms___ a - gain.___ After all,___ I'm de - light-

- ed to be back___ where we___ be - gan.___ I___ be - lieve
- ed, 'cause we're lov - ers and___ we're friends.___ I___ be - lieve

that you___ can_____ fall___ in love with me___ a - gain.___
that I___ can_____ fall___ in love with you___ a - gain.

And we'll both___ be stand - ing tall,___
And I'll catch___ you when you fall,___

af - ter all.___

Oh,___ way back___ when we start -

- ed, there was a part of you that knew

I was all that you want - ed, but on - ly shad - ows filled the room.

I was lost, all right, lost in the sleep -

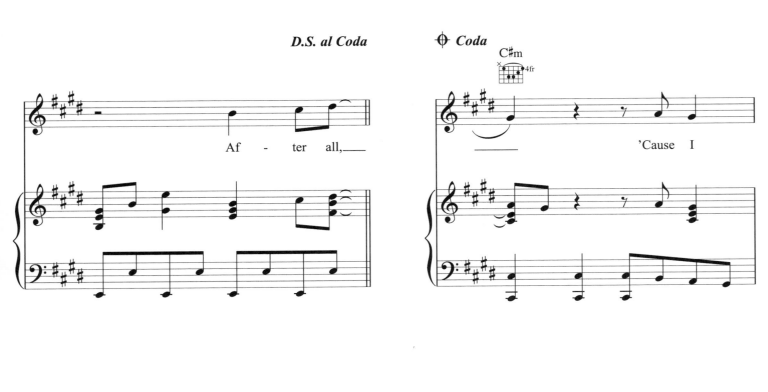

have i told you lately that i love you

Words & Music by Scott Wiseman

love you?＿＿＿＿＿＿ Well, my darl - in',＿ I'm＿ tell - in'＿ you now.＿

Have I told＿ you＿

how___ the nights are long when you're not with me?___ Well,

darl-in',___ I'm___ tell-in' you now.___ My heart would

break___ in___ two if I should lose you;___ it's___ no

good with-out___ you,___ an-y-how.___ Oh, have I

told you late-ly that I love you? Well,___

darl-in',___ I'm tell-in'___ you now.

My sweet darl-in',___ I'm___ tell-in' you now.___

Darl-in', I'm tell-in' you now

now._____

to be loved

Words & Music by Tyran Carlo, Berry Gordy & Gwen Gordy

loved, to be loved, whoa,_____ what a feel-ing,___ to___ be loved,___ whoa._____

Some___ wish to be___ a king___ or a queen;___ some wish for for-tune___ and fame. But to

to be loved,___ to___ be loved,___ to___ be

loved, to be loved. Oh,___ what a feel - ing,___ to be___

loved.___

you've got a friend in me

Words & Music by Randy Newman

you've got a friend___ in me.___

You got your trou-bles, but I got 'em too, there is-n't an-y-thing___ I

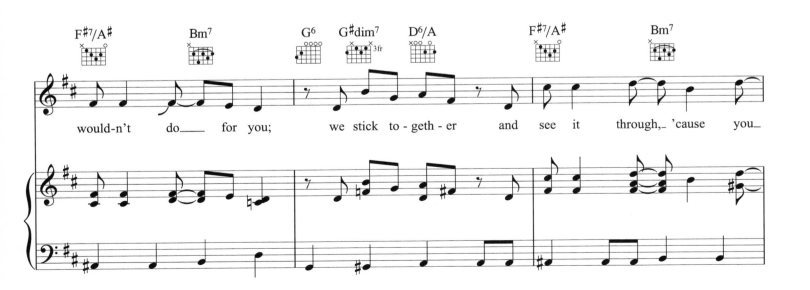

would-n't do___ for you; we stick to-geth-er and see it through,_ 'cause you__

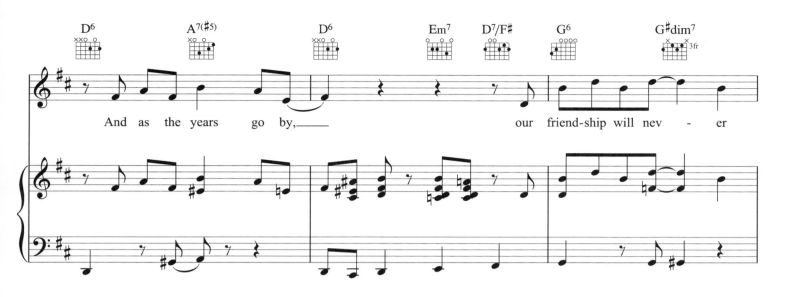

And as the years go by,_____ our friend-ship will nev - er

die._____ You're gon-na see_ it's our des - tin - y,_____ 'cause

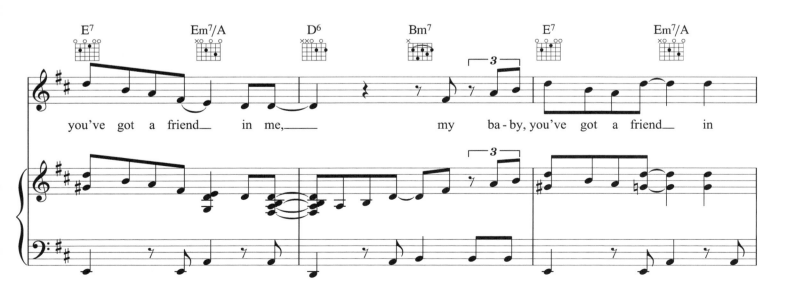

you've got a friend_ in me,_____ my ba-by, you've got a friend_ in

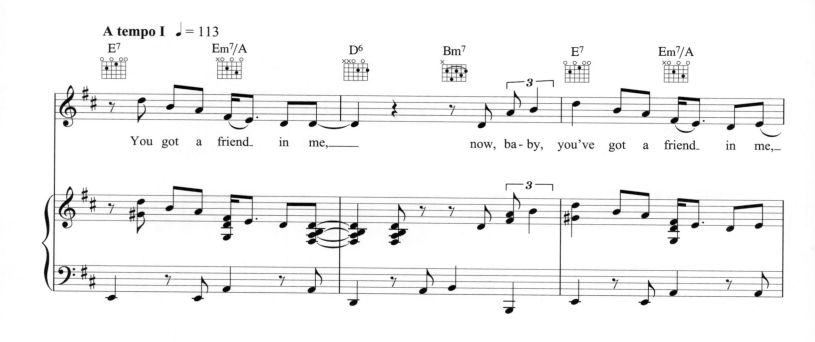

88

nevertheless (i'm in love with you)

Words by Bert Kalmar
Music by Harry Ruby

nev - er - the - less, _____ I'm in love _____ with you.

Now may-be I'll win _____ and may-be I'll lose; _____ well,

may-be I'm in _____ for cry - in' ____ the blues, _____ but nev - er - the - less, _____ I'm in

break - - in'._____ May - be_____ I'll live_____ a

life of re - gret,____ and may - be I'll give so much more____ than I get,_____ but

nev - er - the - less,_____ I'm in love_____ with you._____

Some-how___ I know at the start___ the ter - ri - ble chan - ces___

I'm_____ ta - kin'._____ Fine at the start,_____ but

left with a heart___ that is break - - in'._____ but

Maybe I'll live a life of regret, and maybe I'll give so much more than I get, but nevertheless, I'm in love with you.

i got it easy

Words & Music by Alan Chang, Michael Bublé & Tom Jackson

Nev-er been in trou-ble,__ I nev-er got hurt.

Nev-er had to strug-gle,__ I nev-er had to work__ hard__ for

an-y-thing be-fore;_____ be-lieve me._____ Lord, I've__ got it

A tempo

eas - y._____ I feel guil - ty a

lit - tle, I've been giv - en so much._____ Peo - ple are dy - in'_____

in the dark,__ while I'm ly - in' in the sun.__ And I sleep like a ba - by ev - 'ry night, it

seems._____ I'm hav - in' the sweet - est___ dreams._____ I can say, all___

___ hon - est - ly,_____ I got it eas - y._____

Now, I'm not try'n' to brag a - bout it,

knee-deep. I don't mind a li'l bit on this cold and rain-y eve-nin'. I roll o-ver in

bed, got a beau-ti-ful wom-an be-neath me ev - 'ry night:___ I got it eas-

- y. Yeah! Yeah!__ Whoa,___ yeah,___ yeah!___ I got it

eas - y, yeah! Yeah!__ Whoa,___ yeah, yeah,__ whoa!___

young at heart

Words by Carolyn Leigh
Music by Johnny Richards

And____ if you____ should sur-vive____ till a hun-dred and five, look at all____you'll de-rive____ out of be-ing a-live. And

be my baby

Words & Music by Jeff Barry, Ellie Greenwich & Phil Spector

and if I had the chance,____ I'd never let you
For ev - 'ry kiss you give____ me, I'll give you

go.
three.

But won't you say you love____ me?____
Oh, since the day I saw____ you,____

I'll____ make you so proud of me.
I____ have been wait - ing for you,

We'll make 'em
you know I

turn their heads____ ev - er - y place we go. } So, won't you please,___

will a - dore you for___ e - ter - nit - y. }

be___ my lit - tle ba - by,

(Be my, be my ba - by, my one and

save__ me my darl - ing,_____ be__ my ba - by

on - ly ba - by. Be my, be my ba - by,

save___ me my darl - - - - ing, be___ my ba - by

on - ly ba - by. Be my, be my ba - by,

now._____

1.

my one and on - ly ba - by.)

2.

Oh, oh oh oh.

on - ly ba - by.)

N.C.

f *Percussion*

it's a beautiful day (swing mix)

Words & Music by Alan Chang, Michael Bublé & Amy Foster

116

burns too_____ bright,_____ I don't wan - na

say "so long",_____ yeah, I just wan - na say_____ "good - bye".__

D.S. al Coda ⊕ *Coda*

one who's got_____ a -

my melancholy baby

Words by George Norton & Maybelle Watson
Music by Ernie Burnett

and don't be blue.

All your fears are fool-ish fan-cies, ba - - - by.

You know, hon-ey,___ I'm in love with you.___

rit. poco a poco

A tempo

Ev-'ry cloud

must have a sil - ver lin - - ing;

just wait un - til the sun shines through.

Smile,— my hon-ey dear,—

while I kiss a-way each tear, or else I shall be—

mel-an - chol-y_____ too._____

Smile,_____ my

127

128